AF210712

Jürgen Hembd

Dem Geheimnis der Weihnacht auf der Spur

Lyrik und Prosatexte

Herstellung und Verlag: Books on Demand GmbH, Norderstedt,
2008
ISBN: 978-3-8370-6585-5

Ich widme dieses Buch **Silke**, unserer Tochter,

damit sie **Patrick**, unserem Enkel, daraus vorliest.

Vorwort

I.

Beim Propheten Jesaja lesen wir im 8. Kapitel Folgendes:

„ (21) Mutlos und hungrig streifen sie durchs Land. Der Hunger bringt sie in rasende Wut, sie verfluchen ihren König und ihren Gott. Sie blicken nach oben, (22) sie starren auf die Erde, aber da ist nichts als erdrückendes Dunkel, Verzweiflung und Finsternis, in lichtlose Nacht sind sie hineingestoßen. (23) Wer in solcher Nacht gefangen ist, der kann ihr nicht entrinnen. "

(aus: Die Bibel in heutigem Deutsch)

Jesaja liefert einen düsteren Bericht über Völker und Stämme in Not und wer sich mit der Region befaßt, in der diese Menschen leb(t)en, mag ihre Not begreifen.

Jesaja, der Prophet, wußte von einer Wende der Zukunft, von der wir Christen glauben, daß sie mit der Geburt Jesu ihren Anfang nahm.

Wurde Jesus Christus in ‚blühende Landschaften' hineingeboren? Wandelte sich das Leben auf dem Planeten Erde nach seiner Geburt in einen Garten Eden? Versprach er uns hier ein Leben, sagen wir, in ‚Sanssouci' oder in der Kolonie ‚Sorgenfrei'?

Weihnachten kündet von einer neuen Mitte, auf die es sich auszurichten lohnt – inmitten einer gebeutelten Welt, in der Menschen und elementare Kräfte jederzeit unbarmherzig zuschlagen. Jesus von Nazareth, der Christus, der Lichtbringer, erhellt unsere lichtlose Nacht und vielleicht hätte er auch die Finsternis der von Jesaja beschriebenen Talfahrt erhellt. Jesus von Nazareth zeigt uns Schlupflöcher aus der Finsternis hinaus ins Licht.

Was wir dort sehen? Wenn schon nicht gleich blühende Wiesen, dann aber doch die Klarheit des anbrechenden Tages. Und wenn wir über den Tag hinausblicken und die Augen blinzelnd zusammenkneifen, entdecken wir, immer neu, eine Perspektive, auf die wir unser Leben zuordnen können...

(veröffentlicht im Gemeindebrief der ev. Kirchengemeinde Mariendorf-Süd 12/1998, ergänzt 2008)

II.

Am Heiligen Abend des Jahres 2007 war ich in einem Familiengottesdienst in der Martin-Luther-King-Kirche in der Gropiusstadt als Lektor eingesetzt und darum gebeten worden, die *Weissagungen des Jesaja* und die *Weihnachtsgeschichte des Lukas* mit kurzen einführenden Worten zu versehen.

Den Wortlaut der Schriftlesungen –erweitert um zusätzliche Übersetzungen - und meine eigenen Einführungen möchte ich an den Anfang dieser kleinen Sammlung von Lyrik und Prosa aus eigener Hand stellen:

Die Weissagungen des Jesaja

Liebe Gemeinde,
im Fernsehen wird uns jeden Tag das Wetter vorhergesagt.
Die Menschen, die so gut über das Wetter Bescheid wissen, werden dafür bezahlt und manchmal schneit's, wenn's schneien soll – manchmal.
Wir nennen sie oft Wetterfrösche.

Vor 2.500 Jahren, als es noch kein Fernsehen gab, da gab es aber auch Menschen, weit weg im alten Israel, die den Anderen etwas zu sagen hatten, oft über die Zukunft, im Auftrag Gottes, unbezahlt.
Sie nannten sich Propheten.

Jesaja sagte voraus, daß irgendwann einmal ein ganz bedeutender Mann geboren würde, ein,...na ja,...ein König, der Frieden bringen und alles heil machen würde.

Und Andere schrieben seine Worte auf, damit später, wenn alles so eingetreten wäre wie vorhergesagt, die Menschen hätten sagen können:

„Siehst Du, das wußte Jesaja schon lange vor uns!"

Nun – was sagte denn der Prophet Jesaja?

„Das Volk, das im Finstern wandelt, sieht ein großes Licht, und über denen, die da wohnen im finstern Lande, scheint es hell." (9,1)
Denn uns ist ein Kind geboren, ein Sohn ist uns gegeben und die Herrschaft ruht auf seiner Schulter; und er heißt Wunder-Rat, Gott-Held, Ewig-Vater, Friede-Fürst; auf daß seine Herrschaft groß werde und des Friedens kein Ende auf dem Thron Davids und in seinem Königreich, daß er´s stärke und stütze durch Recht und Gerechtigkeit von nun an bis in Ewigkeit. Solches wird tun der Eifer des Herrn Zebaoth." (9,5-6)

(Luther-Bibel)

„Das Volk, das im Finstern wandert, sieht ein großes Licht; über denen, die das Todesschattenland bewohnen, geht ein Licht auf."
Denn ein Kind ist uns geboren, ein Sohn ist uns gegeben, und die Macht liegt auf seiner Schulter. Sein Rufname ist: ‚Wunder-Rat', ‚Gott-ist-stark', ‚Mein-Vater-und- meine- Mutter-auf-immer', ‚Im-Dienst-des-Friedens', um seine Macht zu mehren und für einen Frieden ohne Ende auf dem Thron Davids und in seinem Machtbereich, um seine Macht fest zu gründen und um sie zu stärken mit Recht und Gerechtigkeit. Dieses wird von nun an und für immer die Leidenschaft „Gottes" der Heere tun.

(Bibel in gerechter Sprache)

Die Weihnachtsgeschichte: Lukas 2, 1-7

Liebe Gemeinde,

wir wissen nicht genau, wer der Evangelist Lukas war – vielleicht stammte er aus Griechenland; er schreibt unsere Weihnachtsgeschichte so ungefähr 80-90 Jahre nach Christi Geburt auf.
Er erzählt das Leben Jesu und dessen Geburt zu Weihnachten, damit Alle wissen:
Ein Kind wird geboren – ach ja, hat doch Jesaja längst vorausgesagt!

Lukas berichtet im 2. Kapitel:

1 Es begab sich aber zu der Zeit, daß ein Gebot von dem Kaiser Augustus ausging, daß alle Welt geschätzt würde.
2 Und diese Schätzung war die allererste und geschah zur Zeit, da Cyrenius Landpfleger in Syrien war.
3 Und jedermann ging, daß er sich schätzen ließe, ein jeglicher in seine Stadt.
4 Da machte sich auf auch Joseph aus Galiläa, aus der Stadt Nazareth, in das jüdische Land zur Stadt Davids, die da heißt Bethlehem, darum daß er von dem Hause und Geschlechte Davids war,
5 auf daß er sich schätzen ließe mit Maria, seinem vertrauten Weibe, die war schwanger.
6 Und als sie daselbst waren, kam die Zeit, daß sie gebären sollte.
7 Und sie gebar ihren ersten Sohn und wickelte ihn in Windeln und legte ihn in eine Krippe; denn sie hatten sonst keinen Raum in der Herberge.

(Luther-Bibel)

Un tau dei Tid let dei Kaiser Augustus utgewen, dei ganzen Lüd süllen up't frisch für dei Stüer upschrewen warden .
Un dit wir dat irste Mal wil dei Tid, dat Kyrenius dei Landshauptmann in Syrienland wir.
Dunn würd denn nu jederein nah sin Heimat reisen, dat hei sick dor upschriwen let.
Un ok Joseph reist' ut Galiläaland, ut dei Stadt Nazareth, nah Land Judäa nah David sin Stadt, nah Bethlehem. Denn hei stammt' jo her ut David sin Hus un Geslecht.
Hei müßt sick ok ni upschriwen laten. Und sin Fru Maria nehm hei mit. Dei drög'n Kind unner'n Harten.
Un as sei nur dor wiren, dunn wiren ok ehr Dag' dor, un ehr irst lütt Jung würd buren.
Un sei wikkelt' em trecht in Dauk' un led em in ne Krüww, denn sei wüßt süs nich, wohen mit em.

(Dat Ni Testament för plattdütsch Lüd in ehr Muddersprak oewertragen – Evangelische Haupt-Bibelgesellschaft zu Berlin und Altenburg, 1986)

11

Gedanken eines ratlosen Wirtes

Ich bin der Wirt in diesem Ort
Von Bethlehem – mein Hof liegt dort,
Wo jüngst ein Stern blieb lange steh´n
Als wolllt´ er sich nicht weiterdreh´n.

Was war geschehen?
Kaum zu glauben,
Doch sah ich es mit eig´nen Augen:

Es war ein fürchterlich Gedränge
In unserm Stall dort in der Enge,
Als in der Krippe lag ein Kind
In Nachbarschaft zu Ochs und Rind.

Da kamen Menschen her geritten,
And´re war´n am Stab geschritten,
Das kleine Wunder zu bestaunen,
Von dem sie hörten Engel raunen.

Dies Kind, sagt einer, sei ein Held,
Gesandt, zu ändern uns´re Welt.

Glaubt Ihr, ein Kind, so schwach und klein
Könnt dieser Welt Erlöser sein?

Ich weiß, wie sehr die Menschen neigen
In ihrem Hang zum Übertreiben!

Ich selbst – gebor'n in Nazareth-
Schenk aus, schenk ein, vermiet' ein Bett.
Was wir besitzen, ist nicht groß,
Uns bleiben Stub' und Küche bloß.

Ganz ungewohnt ist dieser Trubel
Und ungewöhnlich all der Jubel.

In zweimal tausend Jahren
Wird je ein Mensch erfahren,
Was hier in meinem Stall so nah
Unglaubliches einstmals geschah?

Ich hörte Menschen lauthals klagen,
Ich hört' sie beten, hört' sie fragen:

„Bist Du gekommen zu erlösen
Die Menschen endlich von dem Bösen?

Bist Du's, zu dem man im Gebet
Für diese Welt um Segen fleht?

Hilfst Du uns lösen jeden Streit,
Der uns so lange schon entzweit?

Rätst Du zu teilen und zu borgen
Um zu lindern Leid und Sorgen?

Wirst Trost uns spenden in der Not,
Vermehren unser täglich Brot?

Uns zeigen den gerechten Weg,
Uns sagen, wie's denn um uns steht?

Wirst Frieden stiften, Trost uns spenden
Und schrecklich Unheil von uns wenden?

Uns zeigen, was uns Gott verhieß:
Den Weg hinauf ins Paradies?"

Ich bin der Wirt, ich weiß nicht viel,
Kenn' Gottes Plan nicht, nicht sein Ziel;

Doch glaub´ ich, dieses Kind, so klein,
Kann niemals der Erlöser sein!
Wir wünschen mehr als wirklich geht
Und selbst, wenn es geschrieben steht,
Daß die Erlösung ist nicht weit,
So braucht doch alles seine Zeit!

Und doch:

Vielleicht...,in zweimal tausend Jahren
Werd´ ich im Himmel dann erfahren,
Daß ich, der Wirt, ein zweifelnd Narr,
Nicht wahrhaft sah, was wirklich war;
Daß Menschen dann versammelt sind
Aus Freude um das kleine Kind,
Da dadurch, daß es war geboren,
Die Welt nicht dauerhaft verloren.

Daß dieser wurde einst zuteil
Durch Gott in Christus allen Heil!

(v 12/2004)

15

Die Weihnachtsgeschichte: Lukas 2, 8-14

Hören wir, was Lukas uns weiterhin
berichtet:

8 Und es waren Hirten in derselben Gegend auf dem Felde bei den Hürden, die hüteten des Nachts ihre Herde.
9 Und siehe, des Herrn Engel trat zu ihnen, und die Klarheit des Herrn leuchtete um sie; und sie fürchteten sich sehr.
10 Und der Engel sprach zu ihnen: Fürchtet euch nicht! Siehe, ich verkündige euch große Freude, die allem Volk widerfahren wird;
11 denn euch ist heute der Heiland geboren, welcher ist Christus, der Herr, in der Stadt Davids.
12 Und das habt zum Zeichen: ihr werdet finden das Kind in Windeln gewickelt und in einer Krippe liegen.
13 Und alsbald war da bei dem Engel die Menge der himmlischen Heerscharen, die lobten Gott und sprachen:
14 Ehre sei Gott in der Höhe und Friede auf Erden und den Menschen ein Wohlgefallen.

(Luther-Bibel)

Now in this same disctrict there were shepherds out in the fields,
keeping watch through the night over their flock,
when suddenly there stood before them an angel of the Lord, and the
splendour of the Lord shone round them. They were terrorstruck,
but the angel said, *Do not be afraid; I have good news for you: there
is great joy coming to the whole people.*
*Today in the city of David a deliverer has been born to you – the
Messiah, the Lord.*
*And this is your sign: you will find a baby lying all wrapped up,
in a manger.*
All at once there was with the angel a great company of the heavenly
host, singing the praises of God:
,Glory to God in highest heaven, and on earth his peace for men on
whom his favour rests.'

(New English Bible)

Weihnachten

Wer von uns sah schon Engel schweben
Und Erde zittern, berstend beben?

Die Hirten wachten bei den Hürden;
Der Engel wußte, jene würden
Erschrecken tief im gleißend Licht,
Aus dem heraus die Stimme spricht:

„Ihr fürchtet jetzt Euch ohne Grund!
Geboren ist zu dieser Stund´
In Bethlehem, im kargen Stall,
Des G o t t e s   S o h n, den überall
Viel´ Menschen als ihr   H e i l   erkennen
Und sehnsuchtsvoll   E r l ö s e r   nennen.

So eilt nun hin von hier nach dort,
Zu sehen selbst an jenem Ort,
Was uns heut´ widerfahren ist
Durch die Geburt des   H e r r e n   C h r i s t.“

So ward den Hirten dort zur Nacht
Vom Engel einstmals kundgemacht,
Daß Christus kam in diese Welt.
Und wie wohl war´s um die bestellt?

Ob Friede war in jedem Land?
Das Eßgeschirr gefüllt zum Rand?
Ob´s Armut gab, ob große Not?
Ob Menschen litten Pest und Tod?

Wie war´s um jene Welt bestellt,
In die Christus hineingestellt?

Schrecken, Not und Angst und Pein
Wird allemal gewesen sein!

Doch zwischen Schwarz und Weiß und Grau

Erkennbar wird, ach, sieh und schau,
Daß Schlecht und Böse, Gut und Geld
Sind Stufen nur zum Himmelszelt.

Im Himmel fällt uns alles zu,
Dort haben unsre Seelen Ruh´,
Doch dieser Himmel ist noch weit,
Gibt uns zu leben hier noch Zeit.

Gibt Chancen zu gestalten
Die Welt, in der wir walten.

Zum Leben braucht es steten Mut
Und jeder weiß, wie gut es tut,
Daß Trost uns kommt von oben.

Laßt leben uns und loben,
Daß der Erlöser gibt uns Kraft,
Die Zuversicht im Herzen schafft.

Er tröstet uns in unsrer Not.
Er rettet uns vor´m finstren Tod.
Er macht uns frei von unsrer Schuld,
Trägt unsre Last mit viel Geduld.

Dies tat der Engel einstmals künden
Den Hirten, die, nicht frei von Sünden,
Nicht frei von Not, nicht frei von Schuld,
Beschenkt durch Gottes große Huld.

Die Botschaft, die in tiefer Nacht
Den Hirten ward einst überbracht,
Die hören wir heut weit und breit
Voll Freude stets zur Weihnachtszeit:

„Die Welt und wir sind nicht verloren,
Denn   J e s u s   C h r i s t u s   ist geboren!"

(v Weihnachten 1997)

19

Die Weihnachtsgeschichte: Lukas 2, 15-19

15 Und da die Engel von ihnen gen Himmel fuhren, sprachen die Hirten untereinander:
Laßt uns nun gehen nach Bethlehem und die Geschichte sehen, die da geschehen ist, die uns der Herr kundgetan hat.
16 Und sie kamen eilend und fanden beide, Maria und Joseph, dazu das Kind in der Krippe liegen.
17 Da sie es aber gesehen hatten, breiteten sie das Wort aus, welches zu ihnen von diesem Kind gesagt war.
18 Und alle, vor die es kam, wunderten sich der Rede, die ihnen die Hirten gesagt hatten.
19 Maria aber behielt alle diese Worte und bewegte sie in ihrem Herzen.
20 Und die Hirten kehrten wieder um, priesen und lobten Gott um alles, was sie gehört und gesehen hatten, wie denn zu ihnen gesagt war.

(Luther-Bibel)

Und es begab sich, als die Engel von ihnen gen Himmel gefahren waren, da sprachen die Hirten zueinander:
Lasset uns doch nach Bethlehem hingehen und diese Sache sehen, die geschehen ist und die der Herr uns kundgetan hat.
Und sie gingen eilends und fanden Maria und Joseph, und das Kind in der Krippe liegen.
Als sie es aber gesehen hatten, machten sie das Wort kund, das ihnen über dieses Kind gesagt worden war.
Und alle, die es hörten, verwunderten sich über das, was ihnen von den Hirten gesagt wurde.
Maria aber behielt alle diese Worte und erwog sie in ihrem Herzen.
Und die Hirten kehrten zurück und priesen und lobten Gott für alles, was sie gehört und gesehen hatten, wie es ihnen gesagt worden war.

(Zürcher Bibel)

Lob der Engel

Erschließt sich unsre Welt durch Mythen
Uralt, dazu auch noch durch Riten
Dergestalt, daß sie auf Fragen
Überzeugend Antwort sagen?
Sind diese Muster nicht verschlissen
In unsrer Welt von letztem Wissen?

Ich gelte doch als antiquiert,
Wenn ich Euch völlig ungeniert
Der Engel Wirken ernsthaft preise
Und ihnen Reverenz erweise!

Woran kann die Welt genesen?

Durch die Engel, deren Wesen,
Deren Antlitz wirkt so zart,
Als wären sie von fein´rer Art.

Wir kennen sie nicht von Statur,
Erahnen nur, daß von Natur
Sie lenken uns zu unserm Heil,
Am Menschenschicksal nehmend teil.

Ein Engel auf dem Botengang
Ist dienstbar uns die Zeiten lang.
Und oft ist´s mir als sähe
Ich Engel in der Nähe.

Ihr Engel...

...Sagt uns doch, weshalb wir leben,
Feste feiern, emsig streben
Nach immer neuen Zielen hin
Als hätte unser Leben Sinn!

Ihr redet nicht, ihr bleibet stumm.
Muß das so sein? Sprecht doch! Warum?

Ihr..

...Mahnt uns zu warten mit Geduld
Als wären *wir* des Fragens schuld.

Wie Vorwurf unsre Frage klingt?
Voll´ Ungeduld die Seele schwingt?

Und doch hab´ ich nach all den Jahren
Gar viele ungeklärte Fragen.

So leg´ ich Euch – nicht ohne Grund-
Die Antwort einfach in den Mund:

Ihr sagt...

..."Die Antwort wird Euch noch gegeben.
Vertraut darauf in Eurem Leben!

Was nutzt schon Wissen Euch zum Glück,
Des Rätsels Lösung Stück für Stück?
Geht staunend hin und betet an;
Es warte der, der warten kann!"

Mich dünkt...

...Zum G l a u b e n   bin ich eingeladen,
Zur H o f f n u n g, einst es zu erfahren,
Weshalb ich denke und auch bin,
Worin von allem liegt der Sinn.

Der Weihnachtsengel in der Nacht
Der hat die Botschaft uns gebracht,
Hat Hirten hin zu Gott gelenkt,
Uns arme Menschen reich beschenkt.

„So fürcht´ Euch nicht!" der Engel spricht.
Er sagt´s den Hirten ins Gesicht,
Und eilend ziehen sie davon
Zu seh´n im Stalle die Person,
Von Gott erkoren und bestellt,
Als Licht gekommen in die Welt.

Laßt singen uns mit frohen Weisen
Und Gottes Güte fröhlich preisen!

Gib Kraft uns, Herr, nicht zu erlahmen!
Schick´ Engel uns zum Beistand – Amen.

(v 11/2005)

Geschichten im Advent

(eigens geschrieben zur Freude der demenzerkrankten Seniorinnen in der Wohngemeinschaft meiner Mutter)

Mein erster Weihnachtsbaum

Im Jahre 1947 kam mein Vater aus amerikanischer Kriegsgefangenschaft in Frankreich nach Berlin zurück. Wahrscheinlich erlebte ich meinen ersten Weihnachtsbaum in jenem Jahr, da war ich sechs.

In einen alten Besenstiel hatte mein Vater Löcher gebohrt und in diese Löcher steckte er Tannenzweige unterschiedlicher Länge, die kurzen oben, die langen unten – und fertig war der Tannenbaum!

Vermutlich hatten meine Eltern einige Wachskerzen organisiert; denn elektrische Kerzen wären viel zu kostspielig gewesen und in unserem Zimmer zur Untermiete war auch gar kein Platz um sie über´s Jahr hin zu verstauen.

Außerdem überraschten uns die ständigen Stromsperren...

Bis zum heutigen Tag haben wir - wie die meisten Familien - eine Nordmanntanne, die wir Heiligabend zum Weihnachtsbaum schmücken. Dieser steht mindestens bis zum 6. Januar in der Wohnung und meine Frau ist jedesmal traurig, wenn wir ihn nach dem Fest der Heiligen Drei Könige abschmücken und über die Hecke unseres Vorgartens auf den Bürgersteig werfen, damit ihn die Müllabfuhr abholen kann.

Weihnachtsbäume haben eine lange Tradition in unserem Land und wenn wir unter ihnen unsere alten Weihnachtslieder singen und die gegenseitigen Geschenke auspacken, dann glänzen nicht nur ihre Kerzen – nein, unsere Augen glänzen dann auch, egal, wo wir uns befinden: zu Hause, unterwegs, im Krankenhaus oder hier in der Senioren-Wohngemeinschaft, die uns zum Zuhause geworden ist.

(11/2006)

Das Kerzenlicht

Unterwegs auf unseren Wanderungen kehrt jeder von uns gerne ein. Oft sind wir in einem italienischen Restaurant oder beim „Griechen" und wenn wir Platz genommen haben, zündet der Wirt meist unaufgefordert eine Kerze oder ein kleines Öllämpchen auf unserm Tisch an. Kerzenlicht verströmt Ruhe, alles wirkt plötzlich viel friedlicher, eine behagliche Atmosphäre wird verbreitet.

Beim Sankt-Martins-Umzug tragen die Kinder bunte Lampions und darin flackert eine Kerze, die ihnen mit ihrem warmen Lichtstrahl den Weg weist durch die Dunkelheit.

Viele Menschen sind traurig und bedrückt in der dunklen Jahreszeit und sehnen sich nach dem Frühling und der Sommersonne, nach den grünen Blättern, den bunten Blumen und den langen Tagen. Aber sobald wir eine Kerze anzünden, wird uns gleich viel wohler und wenn wir dazu einen Glühwein trinken, dann erwachen unsere Lebensgeister.

Wer fühlt sich schon wohl im dunklen Keller?

Kleine Kinder brauchen beim Einschlafen nicht nur eine Gute-*Nacht*-Geschichte, sondern oft auch ein kleines Dämmerlicht, das ihnen die Angst nimmt vor der ungewissen Dunkelheit.

Weihnachten ist ein Fest, ausgerechnet in der dunkelsten Jahreszeit und mit jedem Adventssonntag werden die Nächte länger und kälter.

Aber es gibt ja noch die Kerzen! Sie sind unser Licht in der Dunkelheit.

Wenn ich an Frieden denke, dann denke ich an weiße Tauben und an Kerzen.

Und wenn beim nächsten Male der Wirt im Restaurant wieder eine Kerze auf meinem Tisch anzündet, dann werde ich einen Hauch von Weihnachten verspüren –egal, zu welcher Jahreszeit!

(11/2006)

Der Weihnachtsmann

Der Weihnachtsmann hat einiges in meinem Kleiderschrank zurückgelassen: einen roten Mantel, einen weißen Umhängebart, schwarze Stiefel.
Der Weihnachtsmann muß sehr vergeßlich sein!

Letztes Jahr habe ich seine Sachen anprobiert und bin hinausgefahren zu meinem Enkel. Seine Geschenke hatte ich in zwei Kartoffelsäcke gepackt und Omas Auto außer Sichtweite geparkt.
Nachdem ich geklingelt hatte, öffneten er, seine Eltern und seine Großmutter (meine Frau) die Tür. Er wirkte sehr schüchtern und stand einem Weihnachtsmann gegenüber, der nicht gerade sehr gesprächig war.

Der Weihnachtsmann schien es eilig zu haben; denn nach der Übergabe der Geschenke war er schnell wieder verschwunden.

Übrigens muß es derselbe Weihnachtsmann gewesen sein, der schon bei *seiner* Mutter aufgetaucht war.
Was heißt hier „derselbe"?

Es gibt nur e i n e n, nämlich d e n Weihnachtsmann und der kommt Jahr für Jahr vom Nordpol mit seinem Rentier und dem Schlitten! Er spricht abertausend Sprachen und Dialekte; denn alle Kinder auf der Welt verstehen ihn!

Manchmal höre ich Menschen sagen: „Du glaubst wohl noch an den Weihnachtsmann?!"
Zweifelt nur, ihr Menschen!
Mein Enkel Patrick hat den Weihnachtsmann hautnah erlebt und er besteht darauf und hofft, daß er im nächsten Jahr wiederkommt.

(11/2006)

Das Christkind

Vor einigen Wochen sind wir durch den Treptower Park gewandert, sind dann in einem äußeren Bogen um die Halbinsel Stralau gezogen und in einem inneren Halbkreis um den Rummelsburger See im Bezirk Friedrichshain.

Wir – meine Tochter und ich.

Als wir in der Pizzeria Platz genommen hatten, bemerkten wir am Nebentisch Großmutter, Mutter und Sohn – drei Generationen beim Essen. Der kleine Felix (vielleicht hieß er so, hab´ seinen Namen vergessen) war sechzehn Monate alt, saß im Kindersitz und beobachtete seine Umwelt. Wir lächelten uns an. Als er dann beide Hände und seine gespreizten Finger hochhielt, entschied seine Mutter, daß ihr Sohn auf m e i n e n Arm wolle. Also erhob ich mich, nahm ihn auf und zeigte ihm mit leisen Erklärungen den Innenraum des Restaurants: den Gummibaum, die Weinflaschen auf der Theke, die Werbeprospekte daneben, die Fenster, durch die der Rummelsburger See glitzerte. Felix hielt still und hörte mir zu, wobei ihn mein Bart besonders faszinierte. Ich hoffe, unser Rundgang hat sein Urvertrauen in diese Welt bestärkt.

Sollte ich ihm je wieder einmal in Karlshorst oder anderswo begegnen, so werden wir einander nicht mehr erkennen.
Bestenfalls wird er mir dann seinen Platz in der Straßenbahn anbieten oder mich am Arm nehmen und über den Ampelübergang geleiten – vertauschte Rollen!

Weihnachten hat auch und vor allem mit einem Kind zu tun.

Zuerst hielt Maria ihren Sohn im Arm und vielleicht faszinierten ihn die Barthaare der Hirten, die vor ihm niederknieten...

Mit diesem Kind sind wir Menschen reich beschenkt; denn wir fühlen uns in seiner Gegenwart geborgen. Ungefähr so, als spürten wir, daß unser Schutzengel ganz nahe bei uns ist.

(11/2006)

Meiner demenzerkrankten Mutter und ihren Schicksalsgenossinnen in der WG

Du bist verwirrt, bist gar betreten
Beim ersten Anblick unsrer Alten,
Die nicht mehr können selbst gestalten
Ihr Leben, das sie einst mit stetem
Fleiß entbehrungsvoll besorgten.-
Der Hilfe Andrer überlassen,
Nun meidend Stufen, fürchtend Straßen,
Harrend der, die *sie* umsorgten...

Ihr lebt im Heute und im Jetzt.
Erinnerung wird blasser nun,
Der Kopf beginnt sich auszuruhn.
Dies wissend, sind wir kaum entsetzt.
Ihr fragt nicht mehr nach Geld und Gut,
Beruf, Prestige und Position. –
Dies zählte einst. Was war das schon?
Habt losgelassen ohne Wut.

Was sind *Euch* Hohe Feste,
Träume einst aus Jugendtagen,
Fragen, die nur Kinder wagen?
Was ist für *Euch* das Beste?

Es ist Begegnung in Geduld,
Ein Streicheln und ein lieber Gruß,
Ein tröstend Wort, gehaucht ein Kuß.
Es trifft *Euch* –meßbar- wenig Schuld

Am harten Los, das *Euch* ereilt. –
Fühlt Ihr zur **Weihnacht** *Euch* beschenkt?

29

Ist's nicht der **Engel**, der *Euch* lenkt
Zur Stelle, wo der Stern verweilt?

Begreift *Ihr* noch, was *Euch* geschieht?

Der Engel hat uns grad verkündet,
Was uns gemeinsam nun verbindet.

Auch *Euch* sagt er:

„Ihr seid geliebt!"

(e 2008)

Weihnachten in der Grenzallee

Im Jahre 1951 gegründet, hatte sie ihr 25jähriges Bestehen längst gefeiert – die Vereinigung für Jugendhilfe.

In der Grenzallee leben sie (immer noch), Menschen mit Behinderungen, in einem für sie gebauten Wohntrakt und dort arbeiten sie auch in großzügig angelegten und sie schützenden Werkstätten.

Damals war es ein weites Grundstück mit Wiesen und Bäumen, angrenzend an den Kanal und es gab eine Zeit, als dort vier Schafe friedlich weideten, sofern nicht gerade eines von ihnen wieder einmal ins Wasser gefallen war und herausgefischt werden mußte.

Heute wird das Gelände von der BAB 100 durchschnitten und begrenzt, über die hinter Schallschutzwänden der Autoverkehr zwischen Schönefeld und Berlin entlangflutet.

Das Weihnachtsfest wurde auch in jenem Jahr in den Clubräumen gefeiert.

Da saßen nun etwa fünfzig Teilnehmer mit ihren Betreuern an kerzenerleuchteten und tannengeschmückten Tischen, zum großen Hufeisen zusammengestellt, und sie tranken Kaffee, aßen Kuchen, sangen Lieder und hörten den vorgetragenen Geschichten zu.

Der Weihnachtsmann war, aus dem Dunkel kommend, neben den Tannenbaum getreten, hatte schweigend seine Geschenke abgestellt, wurde dann plötzlich bemerkt und vom Clubleiter in die Mitte des Saales eingeladen.

Seine Dienstkleidung richtete sich nach der Kleiderordnung für Weihnachtsmänner:

roter Kapuzenmantel; weißer Kunststoffbart, dessen Haare das Sprechen stark erschwerten und ständig in der Nase kitzelten; schwarze Gummistiefel und dunkle Hose; dazu ein gebückter Gang und eine Stimme, die fortgeschrittenes Alter glaubhaft machen sollte (war er selbst doch damals erst Mitte Dreißig).

Und der Weihnachtsmann forderte die Anwesenden zu Leistungen heraus und spornte an. Es wurde verzweifelt auf dem Kamm geblasen und, zunächst zögernd, dann lautstark, deklamiert; aus vollem Halse geschmettert und auch keine einzige Strophe ausgelassen; es wurde gemeinsam gesungen und Instrumente erklangen. Niemand wollte am Ende zurückstehen.

Der Weihnachtsmann bedankte sich einzeln und mit Handschlag, versteht sich!

Er sah in viele glänzende Augen. Natürlich war auch für jeden ein kleines Geschenk bereit gelegt worden.

In der Eile jedoch hatte er seine Rute vergessen, was später wohlwollend vermerkt wurde, weil vertrauensbildend.

Hinterher meinten einige, *dieser* Weihnachtsmann sei ihnen schon einmal irgendwo begegnet – aber wo eigentlich?

Mag sein, daß sie ihn in Zivilkleidung aus der Ferne geschaut hatten. Mag sein.

Für die anderen stellte sich diese Echtheitsfrage jedoch nicht. Sein und Schein, Wirklichkeit und Traum sind bei ihnen dasselbe, liegen auf einer Ebene.

Sie hatten den Weihnachtsmann gesehen, mit *ihm* gesprochen, *ihn* berührt.

Für *sie* würde *er* wiederkommen, für *sie* stets und jederzeit und für alle natürlich, die sich vorgenommen haben, so zu werden und zu bleiben wie die Kinder.

(1976/2007)

Weihnachten hinter Gittern

Die U-Bahn Linie 6 verläßt die Station Kurt-Schumacher-Platz, kriecht aus ihrem Tunnel, fährt vorbei am Flughafen Tegel und entläßt uns an der Holzhauser Straße mit dem Blick auf den kompakten Kirchturm inmitten einer massigen neugotischen Backsteinfassade, in deren Schatten sich die Strafanstalt Tegel befindet.

Auch in diesem Jahr wollen wir hier Weihnachten feiern – mit unserer Gruppe hinter Gittern.

Die aufsichtsführenden Beamten an der Pforte machen uns schon von weitem auf ihrem Monitor aus, die Stahlschiebetür öffnet sich automatisch; kurze Begrüßung, freundliche Worte, Eintragung in das Besucherbuch, Leibesvisitation, Durchleuchtung des Gepäcks.

Weitere Türen öffnen sich – sieben werden es zum Schluß gewesen sein – und wir stolpern schwer bepackt über das grobe Kopfsteinpflaster quer über den Hof hinüber zum Haus III.

Ein eisiger Wind schlägt uns ins Gesicht.

Durch den leeren Korridor hallen uns schwere Schritte entgegen. Der Aufsichtsbeamte und ein Kalfaktor begrüßen uns, die Last wird neu verteilt.

Stahltreppen führen uns hinauf zum zentralen *Stern* - der gläsernen runden Aufsichtskanzel.

Stahltrossen hängen quer von den Wänden und halten Fangnetze aus Maschendraht – man weiß ja nie...

Vorbei geht es an den geschlossenen Zellentüren, hin zum Kirchenschiff.

Hier drehte einst Helmut Käutner eine Szene aus dem Film *Der Hauptmann von Köpenick* mit *Heinz Rühmann* in der Hauptrolle und der Gefangenenchor sang erbärmlich: „Bis hierher hat uns Jott jebracht in seiner jroßen Jü-hü-te...".

Am Altar müssen wir noch links vorbei, dann die knarrende Holzstiege hinunter und hinein in die neonbeleuchtete Sakristei.

Grell und gleißend ist das Licht im kalkweißen Raum – kälter und kärger hätte es im Stall zu Bethlehem auch nicht sein können.

Weihnachten hält seinen Einzug...

Ein großes Bettlaken bedeckt den quadratischen Tisch; darauf liegt ein wenig Tannengrün. Unsere mitgebrachten Schätze werden auf die Bunten Teller verteilt, die Kerzen angezündet und die Männer hereingeführt.
Verhaltene Freude spiegelt sich in ihren Gesichtern und beklommene Erwartung: ob der ersehnte Kaffee dabei sein wird und die erwünschten Rasierklingen, das Farbband und das Buch?

Kaffee wird eingeschenkt; wir sprechen gedämpft und knabbern Kekse, fragen uns gegenseitig nach dem Wohlbefinden und vermeiden falschen Zungenschlag.
Nur keine stimmungsvolle Rührung – das könnte niemand ertragen!

Klaudias Weihnachtsgeschichte –spielte sie nicht irgendwo in Kastilien?
Ging es da nicht um jenen wohlhabenden Mann, der nicht verstehen konnte, weshalb man ausgerechnet zu Weihnachten seine Zeit damit verplempern sollte, die Ärmsten und Elendsten zu besuchen und zu beschenken und der dann – wie wundersam – Zeuge ihrer Freudentränen wurde und einen Sinneswandel erfuhr, weil ihm ein Licht aufging und sich das Mysterium der Weihnacht an ihm vollzog?

Ich habe diesmal Klaus Wüsthoffs *Weihnachtskantate für junge Leute* mitgebracht, von unserem Schulchor auf Schallplatte eingespielt.
Da singt der Chor der Ungläubigen, der die Botschaft der Engel verlacht, mit wilden Dissonanzen – aber am Ende triumphiert der Chor derer, die die Botschaft annehmen und sich ihre Freude nicht von dumpfer Skepsis und vom Hohngeschrei der Zweifler überdröhnen lassen.

Weihnachten hinter Gittern – das rührt an.

Als unsere Zeit abgelaufen ist, werden die Kerzen gelöscht, das Neonlicht knallt wieder unerbittlich herab; das Tischtuch wird sorgsam zusammengelegt. Weihnachten wird abgeräumt.
Da stehen sie nun, die Männer, ein wenig verlegen, mit ihren Kaffeegläsern und mit ihren Schachteln in den Händen und sie tragen ihre Schätze in die Zellen – zurück in die Einsamkeit.

Wir treten unseren Rückzug an durch das Labyrinth von Gängen und Treppen und Türen und hängen draußen fröstelnd unseren Gedanken nach. Auf der anderen Straßenseite erkennen wir die Leuchtschrift der Eckkneipe *Zur goldenen Freiheit.*

Der Wind geht eisig hier.

Weshalb ich mich an unsere Weihnachtsfeier im Knast so lebhaft-deutlich erinnere – heute, nach bald zwanzig Jahren?
Es muß wohl die Grenzsituation gewesen sein, in der sich viele befanden...
Denen, die sich ausgegrenzt wissen, die einsam sind, die keine Antwort auf ihre Fragen wissen, die Angst vor der Zukunft haben – denen sagt der Engel:

Fürchtet Euch nicht!

Und denen, die hinhören und sich freuen können, ruft er zu:

Denn ich verkündige Euch große Freude!

Darin liegt das Geheimnis der Weihnacht!

(v 12/1994)

Gedanken zum Monatsspruch für den Dezember 1996

Der Engel trat bei Maria ein und sagte: Sei gegrüßt, du Begnadete, der Herr ist mit dir. (Luk. 1, 28)

Vor einigen Wochen, liebe Leser, hat eine Religionslehrerin unserer Schule auf meine Bitte hin ihren Schülern der Klassenstufen 6-9 unvorbereitet die Frage gestellt: „Was weißt Du über Jesus?"

Viel hatte ich, ehrlich gesagt, an vorzeigbaren Antworten nicht erwartet, aber die zahlreichen und in ihrer Unverblümtheit zuweilen Stilblüten ähnelnden Aussagen haben mich insgesamt doch positiv überrascht.

Einige davon habe ich, mit einem, Sternchen (*) versehen, unkorrigiert in meinen diesjährigen Weihnachtsgruß „eingebaut" und die entsprechenden Klassenstufen dahinter in Klammern angegeben, also z.B. in Bezug auf Jesus:

- *„Erziehungsberechtigte: Maria, Joseph." (7)*

Es gibt Mitteilungen – beispielsweise Lautsprecherdurchsagen auf dem Bahnhof – die wir wörtlich zu nehmen haben.
Im Bereich der Literatur, vor allem der Poesie, verstehen wir jedoch viele Aussagen nur in übertragenem Sinne; dann nämlich, wenn der Dichter sich in Metaphern, also in Bildern, ausdrückt.
Mysterien haben ihre eigene Bildersprache; diese unterstützt uns hilfsweise beim Erfassen unerklärbarer Geheimnisse.

Und um einen höchst geheimnisvollen Vorgang handelt es sich bei der Ankündigung der Geburt Jesu schon – ich meine, die Sache mit dem Engel.

- *„Ein Engel kündigte Maria die Geburt ihres Kindes an und sagte ihr, warum sie auserwählt war." (8)*

36

Ja, gibt es denn Engel?

Wir nennen oft andere Menschen einen Engel und gelegentlich haben wir so eine Ahnung, als sei uns ein Schutzengel ganz nahe gewesen.

Aber Engel – gibt´ s die wirklich?

Und ein anderes Mysterium bewegt uns: kann eine Jungfrau – entgegen allen uns bekannten Gesetzen der Biologie – ein Kind zur Welt bringen?

- *„Nach Matthäus empfing Maria Jesus vom heiligen Geist, obwohl sie noch Jungfrau war.“* (9)

- *„Maria hatte gar nicht...,sondern war Jungfrau als Jesus kam.“* (8)

Ich will die bohrenden Fragen des kritischen Verstandes keineswegs als gegenstandslos beiseite schieben – aber passen der Engel und die Jungfrau nicht gut ins Gesamtgefüge, indem sie gerade das Ungewöhnliche an Jesus Christus erhellen?

- *„Jesus war der Sohn von Maria und Josef (6)...und Gott.“* (7)

,Herr Christ, der einig Gotts Sohn´, heißt es im Kirchenlied und im Glaubensbekenntnis steht: „...geboren von der Jungfrau Maria.“
Jesus Christus wird, sozusagen in Personalunion, begriffen als Sohn Gottes u n d als Mensch.
Der schweigende Gott bedient sich seiner als Sprachrohr und Jesus wäre ohne göttliche Rückbindung nicht der Christus!

- *„Er wurde von Gott auserwählt, daß er den Leuten von Gott erzählen sollte.“* (6)

Jesus ist bezeichnet worden als ,der ganz Andere‘ – aber was macht ihn so außergewöhnlich?

- *„Er war ein Zauberer.“* (7)

37

- *„Er hatte magische Kräfte."* (7)

War er noch mehr als der David Copperfield unserer Tage?

- *„Er konnte kranke heilen. Auch Sonntags."* (7)

Die christliche Gemeinde begreift ihn als Sonne, als Zier und Kleinod, Tröster und Lastenträger, als Retter und Erlöser...
Mit diesen Worten besingen wir ihn, beten zu ihm, daraus schöpfen wir Kraft.
Und immer wieder sind es (nur?) Bilder und bildhafte Sprache. Aber sind die Kraftströme, die uns aus diesen Bildern zuwachsen, deshalb nur Schwachstrom?

- *„Weihnachten wurde er zwar nicht geboren, aber wir feiern den Geburtstag an diesem Tag."* (9)

‚Mitten in unserer Angst' wird uns der Heiland geboren und ‚Alle Jahre wieder' feiern wir Weihnachten mit dem Blick auf die Krippe.

- *„Jesus war der Messias."* (7)

- *„Die Leute wußten, daß er ihr Erlöhser war."* (8)

Wäre Jesus ‚nur' Tröster und Lastenträger, wäre das Christfest bereits Anlaß zu doppelter Freude, würden wir doch zwei seiner Eigenschaften feiern.
Dem Kind in der Krippe eignen jedoch ganz verschiedene Attribute – und dies ist uns Grund zu <u>vielfältiger</u> Freude.

Der Engel, die Jungfrau, die Krippe – ja, was sind Bilder wert?

‚Wenn ein Mensch ein gutes Stück Arbeit vollbringt, das allen gefällt, dann sagen wir, es sei wunderbar; wenn wir jedoch das Wechselspiel von Tag und Nacht, die Sonne, den Mond, die Sterne am Himmel und die Jahreszeiten auf Erden und das Reifen der Früchte betrachten, dann muß jedermann begreifen, daß dies das Werk eines Wesens ist, mächtiger als der Mensch.'

(eigene Übersetzung einer indianischen Spruchweisheit aus dem Englischen)

Es mag sein, daß diese Worte von Chased-by-Bears (1843-1915), einem Santee-Yanktonai Sioux, nicht ganz den menschlichen Regeln der Logik eines –abendländischen – Skeptikers entsprechen, ebensowenig wie das mit Engeln besetzte biblische Firmament.

Aber sind sie nicht zugleich Spiegelbild einer tiefempfundenen Wirklichkeit und damit zugleich ein Zipfel jener Wahrheit, die wir mit dem bloßen Auge nicht sehen, dafür aber, nach innen gewendet, schauen können?

(v 12/1996)

Wenn leis´ das Jahr zu Ende geht...

Da stehst Du nun am Meeresstrand,
Im Rücken spürst Du festes Land.

Du blickst hinaus auf´s off´ne Meer
Und fragst: **Wo kommt uns Antwort her**

Auf unsre Zweifel, unsre Fragen.

Kannst Du uns, Herr, denn gar nichts sagen

So, wie den Hirten in der Nacht
Ward frohe Botschaft kundgemacht?

„So fürcht´ Dich nicht", der Engel spricht,
Er sagt´s den Hirten ins Gesicht.

Die wied´rum machen sich nun auf
Und nehmen liebend gern in Kauf

Den langen Weg zur Krippe hin,

Denn **alles hat nun neuen Sinn!**

Jedoch...Du schaust in weite Ferne.
Du siehst am Firmament die Sterne

Und fragst: Wie wird es weitergeh´n?
Was wird in Zukunft wohl gescheh´n,

Das Furcht einflößt und Angst uns macht,
Uns irren läßt durch finst´re Nacht?

Ob meine Sterne mich begleiten
Und sich´re Wege mir bereiten?

Ob meine Ängste werden enden
Und sich in Zuversicht wohl wenden?

Die Hirten, ach, Dich packt der Neid,
Die lebten recht am Puls der Zeit,

Als Christus kam in diese Welt,
Als Heiland ihr von Gott bestellt.

Doch hat das Blatt sich je gewendet?
Hat alle Not denn bald geendet?

War´n ausgeräumt nun Krieg und Streit?
War Frieden jetzt für alle Zeit?

Die Menschen haben stets geträumt
Vom Heil der Welt – und doch versäumt

Dafür nun alles auch zu tun.
Was hilft´s sich darauf auszuruh´n,

Daß Gott schon in die Bresche springt,
Sobald die Not zum Himmel dringt?

Und doch: ein Maß ist uns gegeben
Im Wort – zu formen unser Leben.

Des Himmels Beistand mag erlangen,
Wer selbst das Gute angefangen!

Laßt mich erzählen einen Traum.
Lauscht der Vision von Zeit und Raum:

Die **Tat** wird lindern helfen Not
Und schenken vielen Menschen **Brot**.

Die **Flutgefahr** wird langsam weichen,
Gebannt vom Bau von neuen Deichen.

Der Krieg als Traum vom steten Siegen
Weicht dem Konzept vom sich´ren **Frieden.**

Die **Umwelt** wird von uns geschützt,
Weil ungeschützt sie niemand nützt!

Wo Menschen zueinander steh´n,
Da gibt´s **kein Auseinandergeh´n.**

Und **Gottes Wort** wird wieder wichtig,
Wege weisend, helfend, richtig.

Verstand allein ist nicht genug,
Kommt die **Vernunft** nicht auch zum Zug!

Nur Illusion sei dieser Traum?
Ohn´ Wirklichkeitsbezug? Nur Schaum?

Nun – unser Dasein bleibt ein Spiel,
Wenn eines fehlt: **das große Ziel**!

Das Ziel soll unser Kompaß sein,
Vision und Ziel – nur sie allein

Führen uns zur Quelle hin,
Daraus wir schöpfen allen Sinn.

Also der Engel sprach´s mit Klarheit,
Verhieß den Hirten letzte Wahrheit.

Diese konnten kaum sich fassen,
Doch sie wollten nichts verpassen

Und so zog die ganze Sippe
Hin nach Bethlehem zur Krippe.

Nun leis´ das Jahr zu Ende geht,
Der Himmel voller Sterne steht,

Die Weihnachtszeit jetzt bald verklingt
Und doch das Herz voll Freude singt.

Die Engel werden uns begleiten
Und schützen uns von allen Seiten.

Gib Dich in ihre Hand!
Sie führen mit Verstand

Vom irdischen Verließ
Dich hin zum Paradies!

Dies will uns die Botschaft sagen –
Gestern, heut´, an allen Tagen.

(v 12/2002)

Weihnachtsmänner küßt man nicht...

Die folgende Geschichte habe ich vor mehreren Jahren für einen ‚französischen Abend' unseres Kirchenchores in der ev. Kirchengemeinde Mariendorf-Süd verfaßt und –nur ein wenig (un peu) augenzwinkernd verfremdet- Silke, unserer Tochter, in den Munde gelegt.

Ungefähr 2 ½ Jahre alt muß ich gewesen sein. Es war Weihnachten und ich kann mich noch genau daran erinnern.

Mama meinte, zu einem richtigen Weihnachtsfest gehöre auch der echte Weihnachtsmann, der vom Nordpol mit dem Rentierschlitten, mit dem roten Kapuzenmantel und dem weißen Bart mit den vielen Geschenken hinten drauf.

Damals war ich noch ein wenig schüchtern und am Heiligen Abend mächtig aufgeregt. Als es dann draußen pochte, habe ich die Wohnungstür vorsichtshalber nur einen Spalt breit aufgemacht – und da stand er vor mir, der Weihnachtsmann. Wenn nur Papa dabei gewesen wäre!   Aber der war spurlos verschwunden, wie vom Erdboden verschluckt!

Der Weihnachtsmann trug Kniebundhosen und stellt Euch vor – er sprach...deutsch!

Mama fragte ihn nämlich, ob ihm der Hosenbund nicht ein wenig zu eng geworden sei und er verstand auf Anhieb, was sie so meinte. Also...

...am Nordpol sprechen die wohl alle deutsch. Einfach cool!

Ob der Weihnachtsmann ein heißer Typ war? Nicht so sehr – aber ich habe keine Angst vor ihm gehabt, nur ein bißchen und bin auf Mamas Arm geflüchtet.

Gedicht aufsagen und Lied singen war nicht drin, hätte man mir v o r h e r sagen müssen!

Geniest hat der Weihnachtsmann zweimal, weil ihn die Barthaare in den Nasenlöchern kitzelten. Mama sagte ihm, ich sei sehr lieb gewesen im letzten Jahr; er hat´s geschnallt und dann die Geschenke rübergereicht.

Und dann is´ es passiert!

Mama fand die ganze Sache baumstark und bekam trübe Augen und plötzlich...hat sie...... den Weihnachtsmann.........geküßt!

Sie dachte wohl, ich sei noch zu klein um es zu merken, aber ich hab alles mitgekriegt.

Und dann ist er über die Terrasse wieder zurück zu seinem Schlitten und den Rentieren...

Papa ist dann kurz darauf wieder aufgetaucht, aus dem Nichts, hat meine Geschenke gesehen und war ganz traurig nicht dabei gewesen zu sein, als der Weihnachtsmann da war...

Ich habe die Geschenke still ausgepackt und mit ihnen gespielt – aber die Sache mit dem Kuß würde Papa nie von mir erfahren und ich glaube, er ist auch nie dahinter gekommen.

Weihnachtsmänner küßt man nicht!

*

Jetzt bin ich ungefähr drei und wachse immer noch.

Im Sommer hat Mama eine Videokamera geschenkt bekommen und filmt – alles!

Im Juli waren wir in Irland und seitdem wir mit der Autofähre von *Le Havre* nach Cork und zurück nach *Cherbourg* gefahren sind, mimen Mama und Papa auf französisch.

Mama möchte natürlich, daß ich in ihrer Erinnerung noch lange klein bin und wollte meine erstaunten Augen zu Weihnachten festhalten. Deshalb stellte sie an einem heißen Augusttag einen Weihnachtsbaum aus Kunststoff mit bunten Kerzen in die Stube, ließ bei 34 Grad die Jalousien herunter und sagte, nun sei Weihnachten.

...Der Weihnachtsmann im August

Es war Weihnachten und ich kann mich noch genau daran erinnern. Mama filmte. Mama meinte, zu einem richtigen Weihnachtsfest gehöre auch der echte Weihnachtsmann; der vom Nordpol mit dem Rentierschlitten, mit dem roten Kapuzenmantel und dem weißen Bart und den vielen Geschenken hinten drauf.

Ich war immer noch ein wenig schüchtern und heute im August mächtig aufgeregt.
Als es dann draußen pochte, habe ich die Wohnungstür vorsichtshalber nur einen Spalt breit aufgemacht und da stand er im Lichtkegel des Abendsonnenscheins vor mir -
der Weihnachtsmann.

«Bonsoir, cher Papa Noël, entrez, s'il vous plaît!»

So jubelte Mama eine Oktave höher als sonst und – filmte.

Und der Weihnachtsmann erst:

«Bonsoir, bonsoir, la brume monte du sol, on entend le
rossignol! »

Wenn doch Papa nur dagewesen wäre!   Aber er war spurlos verschwunden, wie vom Erdboden verschluckt!
Mama filmte die Kniebundhosen des Weihnachtsmannes und fragte, ob ihm der Hosenbund immer noch zu eng sei:

«Est-ce que le pantalon est toujours trop étroit?»

Und er sagte:

«Oui, un peu.»

Also, am Nordpol sprechen die Alle irgendwie – zweisprachig. Einfach cool!

46

Ob der Weihnachtsmann ein heißer Typ war? Na, ja,...aber ich habe keine Angst vor ihm gehabt, nur ein wenig und wollte auf Mamas Arm flüchten – aber die filmte ja. Gedicht aufsagen und Lied singen war nicht drin, hätte man mir   v o r h e r   sagen müssen!

Geniest hat der Weihnachtsmann zweimal - ist alles auf dem Film – weil ihn die Barthaare in den Nasenlöchern kitzelten. Mama sagte ihm, ich sei sehr lieb gewesen im letzten Jahr:

«Elle était très sage l'année passée, la petite.»

Er ist mächtig auf Französisch abgefahren, hat's geschnallt und die Geschenke rübergereicht.

Und dann is' es passsiert:
Mama fand die ganze Sache baumstark und bekam trübe Augen und plötzlich bricht's aus ihr heraus:

«Embrassez-moi, Papa Noël, donnez-moi un baiser!»

Und er erst:

«Approche donc, ma belle!»

Und dann haben sie sich geküßt. Aber irgendwie ist gerade   d a s
n i c h t auf den Videofilm raufgekommen.

Sie dachten wohl, ich sei immer noch zu klein um es zu merken, aber ich habe alles mitgekriegt. Und dann ist er über die Terrasse wieder zurück:

«Au revoir, ma belle!»

Und ab ging's zu seinem Schlitten und den Rentieren...

*

Papa ist dann kurz darauf aufgetaucht, aus dem Nichts.

47

«Bonsoir, ma belle, la brume monte du sol, je t´aime!»

Na, das war vielleicht ´ne Begrüßung!

Papa hat meine Geschenke gesehen und war ganz traurig, nicht dabei
gewesen zu sein, als der Weihnachtsmann da war.
Ich habe sie still ausgepackt und gespielt, aber die Sache mit dem
Kuß...
...Moment mal!

Hatte der Weihnachtsmann nicht etwas von Abendnebeln gelabert?
Und Papa erzählt dieselbe Kiste?

Eigentlich wollte ich die Sache mit dem Kuß Papa nie verraten...aber

*«Papa...est-il le petit Papa Noël? Et le petit Papa Noël ...est-il
mon Papa?*
Oh, là là!»

Weihnachtsmänner küßt man nicht?
Ach, Mama, ich bin ja so glücklich!

«Je suis très heureuse!»

Küß´ ihn doch einmal, zweimal, oft...

«Donne lui un baiser!»

Küß´ ihn, Mama!   Küß´ so gut Du kannst!

(e 2000)

48

Jahreswechsel auf dem Schwanberg

Mehrmals haben wir den Jahreswechsel auf dem Schwanberg verlebt, einem geistlichen Zentrum im Mainfränkischen, geleitet von Schwestern der Communität Casteller Ring, die ihr gemeinsames Leben in evangelisch-lutherischer Tradition und im Geiste der Regel des St. Benedikt gestalten.

Wenn sich der Gast über Würzburg oder Nürnberg mit dem Regionalzug der Stadt Iphofen nähert, dann erkennt er in einiger Entfernung den Schwanberg. Dieser sieht aus wie ein bewaldeter Tafelberg. Auf dem Höhenrücken befinden sich außer zahlreichen Nebengebäuden ein Schloß als Begegnungsstätte, die St. Michaelskirche, das Einkehrhaus St. Michael und ein Jugendhof.

Die Gäste finden wahlweise an mehreren Stellen Unterkunft in Einzel- oder Doppelzimmern und werden zu festen Tageszeiten vollverpflegt. Gern denke ich an das gut geheizte Turmzimmer des Schlosses mit dem Fernblick über das schneebedeckte Land zurück.

Die Jahresprogramme bieten - über die einzelnen Monate verteilt - eine Vielzahl von Kursen und Freizeiten an für jedermann und auch für Kinder, Mütter und Kinder, Mädchen, Teenies, Frauen, Paten und Patenkinder, Trauernde, Lehrer(innen) und Klassen und auch für Pfarrer.

Was läßt sich dort alles tun? Fasten und meditieren, wandern und singen und tanzen. Aber auch das Kreative kommt nicht zu kurz: Bibliodrama, Malen, plastisches Gestalten.

Wer will, der kann einfach Gast sein auf dem Schwanberg; wer will, der kann mitleben dort oben auf Zeit; pädagogische und hauswirtschaftliche Praktika werden angeboten oder die Teilnahme an einem freiwilligen sozialen oder diakonischen Jahr. Gibt es auch eine lebenslange Bindung?

Junge Frauen, die der Schwesternschaft beitreten wollen, können nach einigen Monaten im Postulat und einem zweijährigen Noviziat nach mindestens fünf Jahren in der Profess die lebenslange Bindung an die Communität Casteller Ring versprechen.

Die Schwestern tragen bei ihrer täglichen Arbeit Zivil bzw. passende Arbeitskleidung; zu den Gebetszeiten und in den Gottesdiensten hüllen sie sich in ein graues Gewand mit Kapuze. Einige von ihnen gehen „draußen in der Welt" bürgerlichen Berufen nach. Das Geheimnis des Glaubens umkreisend, feiernd und lebend, haben sie sich auf den Pilgerweg des Lebens begeben.

Was mich jedesmal beeindruckt? Es sind die geistlichen Gespräche; die kreativen Aufgaben, die von den Einzelnen oder im Team zu lösen sind; das gemeinsame Singen z.b. kurz vor Sylvester und an den „amicablen" bunten Abenden am Neujahrstag im Schloß. Da wird gesungen und musiziert, da werden Gedichte vorgetragen und Märchen erzählt.

Für die Bewegung des Körpers sorgen ausgedehnte geführte Wanderungen durch die Landschaft rund um den Schwanberg.

Besonders eindrucksvoll in seiner kontemplativen Besinnlichkeit ist jedesmal der Gottesdienst mit Abendmahl vor und nach Mitternacht zwischen altem und neuem Jahr. Viele nehmen das Angebot der persönlichen Segnung wahr. Wenn überhaupt Kraft in der Ruhe liegt, so wird sie hier spürbar.

Den Jahreswechsel auf dem Schwanberg zu verbringen, heißt sich auf Stille und Besinnung, auf Lachen und Gemeinschaft einzulassen.

(e 2006)

Schwanberg

Wo liegt denn *Schwanberg* nun genau?
Das weiß doch wirklich keine...
...Frau

Und nenne mir den klugen Mann,
Der Dir´s sogleich verraten kann!

Bis Nürnberg fährt der ICE
Durch Wälder, Felder – (mit WC!)

Dann geht es weiter peu-à-peu,
(So manches Jahr durch Eis und Schnee) ,

Bis dann *Iphofen* aus dem Nebel dringt,
Die Eisenbahn zum Halten zwingt.

„*Iphofen*" – Du – oh Zauberklang!
Wie wird mir, ach, im Herzen bang,

Wenn ich dort drüben liegen seh´
Den *Schwanberg* hoch in steiler Höh´.

So war´n wir hierher angereist,
Wo´s „Ora et labora" heißt.

Oh, lebte er, Sankt Benedikt,
Er wär´ gerührt und tief beglückt,

Säh´ er, wie man in Schwesterntracht
Im Stillen so viel Gutes schafft!

Zurück zum *Schwanberg* auf der Höh´,
Getaucht in blendend weißen Schnee:

Wir hörten Glocken früh und spät,
Die Frommen rufen zum Gebet.

Wir kamen her mit manchen Sorgen
Und fühlten hier uns gleich geborgen.

Die frische Luft, der weite Blick,
Sie haben uns zutiefst entzückt.

Der Leib – er lebt von Speis´ und Trank,
Die Seele schätzt den Lobgesang.

Und jeder mag im Stillen
Erforschen Gottes Willen.

Für alles war mit Herz gesorgt
An diesem wunderbaren Ort.

So laßt uns fröhlich singen!
Laßt Lob und Preis erklingen

Und schöpfen neue Kraft,
Die Mut zum Leben macht!

Gemeinschaft – in der Einsamkeit,
(Zu der wir reisten meilenweit)

Entdeckt uns neue Seiten
Am Leben – hilft uns weiten

Für Wesentliches stets den Blick.
Wie reich beschenkt kehr´n wir zurück

Vom *Schwanberg*! Und trotz Rutschgefahr
Geh´n rutschfest wir durch´s neue Jahr!

Ist´s Punsch, gereicht im heißen Glas?
Ist´s Bier, gezapft vom kühlen Faß?

Ist´s manche Stärkung - manches Wort,
Das wirken wird in uns hinfort?

Ob jung, ob alt an Jahren,
Kannst Neues Du erfahren

Im Rundgespräch, im Lobgesang,
Wenn Stimmen mischen sich zum Klang.

Und leise zieht durch mein Gemüt
Die Hoffnung, die im Herzen glüht.

Und diese Hoffnung – leise , sacht,
Ist wohl der Grund, weshalb es lacht!

Drum hebt das Glas auf unser Wohl
Mit einem frohgelaunten   „Skål"!

(e 12/ 2002)

Laß spüren, Herr, mich Deine Nähe

Laß spüren, Herr, mich Deine Nähe,

Auf daß mein Herz Dich endlich sähe,

In Deiner Herrlichkeit.

So rufe mich bei meinem Namen,

Pflanz ein in mir des Glaubens Samen

Im Leben allezeit.

Text: Jürgen Hembd
Musik und Satz: Friedrich-Wilhelm Schulze

(e 05/2006)

Laß spüren, Herr, mich Deine Nähe

Laß spü – ren, Herr, mich Dei – ne – Nä – he, auf
So ru – fe mich bei mei – nem Na – men, pflanz

daß mein Herz Dich end – lich sä – he in
ein in mir des Glau – bens Sa – men im

Dei – ner Herr – lich – keit, in Dei – ner Herr – lich – keit!
Le – ben al – le – zeit, im Le – ben al – le – zeit!

Wir bitten, Herr, um Deinen Segen

Wir bitten, Herr, um Deinen Segen,

Begleite uns auf allen Wegen

Und schirme uns mit Deiner Hand.

Wir preisen Dich als unsre Mitte

Und tragen Dir nun vor die Bitte:

Gib Frieden uns und unserm Land.

Text: Jürgen Hembd

Musik und Satz: Friedrich-Wilhelm Schulze

(e 05/2006)

Wir bitten Herr um Deinen Segen

Abendsegen

Nun wieder wird´s auf Erden

Unmerklich Abend werden.

Die Nacht ist fast schon da.

Auf allen meinen Wegen

Zieh´ ich Dir, Herr, entgegen

Und spür´: Du bist mir nah.

(e 05/2006)

Nachwort

Es geht im Folgenden um **Patrick,** meinen Enkel, und um mich.

Lieber Patrick,

wir Beide sind inzwischen ein gutes Team geworden und oft denke und hoffe ich, daß ich noch lange gesund und rüstig bleibe. Auch wenn Du allmählich größer und selbständiger und unabhängiger wirst, sollst Du Dich auf mich verlassen können, wenigstens noch für einige Zeit. Natürlich kann und will ich Dein Leben nicht leben und auch nicht darüber verfügen, aber ich möchte einfach da sein, Dir zuhören, mit Dir spielen und lachen, singen und reden! Ich will Dir erklären, was ich Dir überhaupt erklären kann und Dir helfen, sofern Hilfe nötig ist und Du sie erbittest.

Da habe ich mich doch neulich dabei ertappt, daß ich diese Wünsche bei gefalteten Händen ausgesprochen habe. Niemand hat sie gehört – oder doch? Es war ein stilles Reden, ein Gebet, sozusagen, und es hörte auf mit den Worten: *"...lieber Vater im Himmel. "*

Wenn Du mich fragst, wie dieser *Vater* beschaffen ist und weshalb ich ihn als *lieb* bezeichne und wo der Himmel sei, dann werde ich Dir keine Antwort geben können – heute nicht und auch nicht in der Zukunft.

Aber es gibt viele Menschen wie mich, die daran glauben, daß es einen unsichtbaren Herrn, einen Vater, gebe, der unsere Welt erschaffen habe. Er wird *Gott* genannt. *Wissen* tun wir das alles nicht, aber *glauben und hoffen* – das können und dürfen wir. Hinter dem sichtbaren Horizont geht es wohl weiter, auch wenn wir nicht erkennen können, wie.

Noch greifst Du nach meiner Hand und manchmal habe ich Dich schon gehalten, wenn Du versehentlich gestolpert bist. Irgendwann, vielleicht schon bald, wirst Du nicht mehr nach meiner Hand greifen, weil Du dann allein gehen kannst und willst. Später, wenn Du eine Freundin hast, wirst Du sie gleichfalls bei der Hand nehmen, aber das wird dann ein ganz anderes Gefühl sein als jetzt.

Sich an die Hand zu nehmen bedeutet einander zu vertrauen, einander zu schützen und zu begleiten, einander ganz nahe zu sein.

Wie oft fühle ich mich von dem lieben *Vater im Himmel* an die Hand genommen, wobei ich Dir nicht sagen kann: Schau her! Siehst Du es, wie er mich hält? Niemand kann es sehen, höchstens zu spüren glauben.

Eines jedoch weiß ich sicher: Wir beide haben diese Welt, in der wir leben, nicht geschaffen. Aber ich glaube, daß sie geschaffen wurde – von einem Schöpfer, den wir Gott nennen.
Ich kann mir nicht vorstellen, daß sie ohne Plan aus dem Nichts entstanden ist – einfach so. Aber es ist gar nicht so einfach, uns und den anderen zu erklären, was denn nun der Sinn der Schöpfung sei und was Gott mit dem Einzelnen vorhabe. Wir Menschen stellen seit jeher viel mehr Fragen als wir überhaupt beantworten können. Die Fragen jedoch drängen sich auf, wir können sie nicht unterdrücken und machen uns dann auf die Suche nach Antworten.
Der Vater im Himmel schweigt dazu – aber schweigt er wirklich?

Oft geht es einer ganzen Stadt, einem ganzen Land, einem ganzen Volk, einem ganzen Erdteil schlecht, weil – na ja, hier ließen sich eine Menge Gründe finden, die jeden Tag in der Zeitung stehen.
Vor langer Zeit fragten sich die Menschen: Wie lange noch soll es uns so schlecht gehen? Hat denn das Leiden nie ein Ende? Ist denn da niemand, der uns hilft?
„Doch", sagte Jesaja, „eines Tages wird ein Retter geboren werden, ein Erlöser." Und er läßt aufschreiben, daß dieser *Heiland* so mächtig sein werde, wie ein König und - er könne alles *heil* machen.
Heutzutage kennen wir keine so mächtigen Könige, die nur mit der Zunge zu schnalzen brauchen und alles wendet sich zum Besseren.
Dieser königgleiche Heiland wird *Jesus Christus* heißen. Jesaja verrät diesen Namen noch nicht, aber er sagt: wartet´s ab!

Ein Mensch wird als Sohn Gottes in die Welt hineingeboren? Er wird der Herr all der Menschen sein, die an ihn glauben? Unser Vater im Himmel schenkt uns einen – seinen - Sohn, damit es uns besser gehe hier auf Erden und wir die Richtung wissen?
Dies ist alles schwer zu begreifen und zu verstehen. Unser Leben ist und bleibt ein Geheimnis und auch Weihnachten gehört zu den Geheimnissen, die wir nicht eindeutig erklären können.
Viele Menschen halten das für Hokuspokus und dennoch dürfen sie im Einzelfall unsere Freunde bleiben.
Aber sie werden durch ihre Zweifel auch ärmer!

Danksagung

Seit zwei Jahren nehme ich teil am **Caritas-Seniorenprogramm**, wo wir ein unzertrennliches Altherren-Quartett geworden sind und ständig Neues am Computer entdecken.
Wo wäre ich mit meinem Wissen und Können ohne diese wöchentlichen Hilfestellungen? Danke für die verständnisvolle Hilfe, die mir dort zuteil geworden ist!

Trotz dieser Hilfestellungen hat mir jedoch auch diesmal **Andreas**, unser Sohn, geduldig und beratend bei der Drucklegung dieses zweiten Bandes zur Seite gestanden (stehen müssen), weil dieses Unterfangen meine doch relativ wenig ausgeprägten medientechnischen Talente weit übersteigt.

Ich danke unserem Kantor, Herrn **Friedrich-Wilhelm Schulze**, der mich vor einiger Zeit angespornt hat, ihm kleine Gedichtvorlagen zu liefern, damit er sie vertonen könne. Allmählich braucht er wohl Nachschub.

Ebenfalls Dank gebührt Herrn **Veit Hoffmann**, Pfarrer an der Martin-Luther-King-Gemeinde in der Gropiusstadt, der mir im letzten Jahr die Aufgabe stellte, die Weissagungen des Jesaja und die Weihnachtsgeschichte des Lukas für den anstehenden Familiengottesdienst am Heiligen Abend ein wenig pädagogisch aufzubereiten. Damit wurde er indirekt zum Ideengeber für das vorliegende kleine Buch.

Wie sehr habe ich mich gefreut, daß mein im Jahre 2007 veröffentlichtes Büchlein „Wie ein Magnet" (ebenfalls erschienen bei BoD) unter Bekannten, Freunden und Verwandten Anerkennung und Wohlwollen fand. Solche positiven Reaktionen machen einfach Mut Neues zu wagen!

Jürgen Hembd, im Herbst 2008

Inhaltsverzeichnis